BEI GRIN MACHT SICH IHR WISSEN BEZAHLT

- Wir veröffentlichen Ihre Hausarbeit,
  Bachelor- und Masterarbeit

- Ihr eigenes eBook und Buch -
  weltweit in allen wichtigen Shops

- Verdienen Sie an jedem Verkauf

Jetzt bei www.GRIN.com hochladen
und kostenlos publizieren

GRIN

Nadine Buschhaus

Der Status der EU-Grundrechtecharta: Eine Analyse der Verfassungsdiskussion im Jahre 2000 unter besonderer Berücksichtigung der Beiträge von Waldemar Hummer und Martin Nettesheim

GRIN Verlag

Bibliografische Information der Deutschen Nationalbibliothek:

Die Deutsche Bibliothek verzeichnet diese Publikation in der Deutschen National-
bibliografie; detaillierte bibliografische Daten sind im Internet über http://dnb.d-
nb.de/ abrufbar.

Impressum:

Copyright © 2006 GRIN Verlag GmbH
Druck und Bindung: Books on Demand GmbH, Norderstedt Germany
ISBN: 978-3-638-95055-8

Dieses Buch bei GRIN:

http://www.grin.com/de/e-book/92242/der-status-der-eu-grundrechtecharta-eine-
analyse-der-verfassungsdiskussion

GRIN - Your knowledge has value

Der GRIN Verlag publiziert seit 1998 wissenschaftliche Arbeiten von Studenten, Hochschullehrern und anderen Akademikern als eBook und gedrucktes Buch. Die Verlagswebsite www.grin.com ist die ideale Plattform zur Veröffentlichung von Hausarbeiten, Abschlussarbeiten, wissenschaftlichen Aufsätzen, Dissertationen und Fachbüchern.

Besuchen Sie uns im Internet:

http://www.grin.com/

http://www.facebook.com/grincom

http://www.twitter.com/grin_com

Universität Tübingen
Institut für Politikwissenschaft
Seminar im Hauptstudium:
Die Konstitutionalisierung der EU
SS 2006

Der Status der EU-Grundrechtecharta:

Eine Analyse der Verfassungsdiskussion im Jahre 2000 unter besonderer
Berücksichtigung der Beiträge von
Waldemar Hummer und Martin Nettesheim

Ein Literaturbericht vorgelegt von:

Nadine Buschhaus
Dipl.: Internationale VWL mit Schwerpunkt Westeuropa
7. Fachsemester

Inhaltsverzeichnis

1. Einleitung und Fragestellung

In Zeiten der Gestaltwerdung der Europäischen Union werden Reichweite und Auswirkungen der europäischen Integration immer umfassender und damit schwieriger nachzuvollziehen. Große Erfolge stehen gleichzeitig neben Themen, die häufig mit Sorge betrachtet werden. Neben vielen großen und kleinen Herausforderungen gibt der europäische Verfassungsprozess ein weiteres großes Thema vor. Dreht sich die gegenwärtige Verfassungsdebatte nach den gescheiterten Verfassungsreferenden in Frankreich und den Niederlanden eher um die Bedeutung einer Verfassung für Europa und um mögliche Wege aus der „Verfassungskrise", so spielte noch vor zwei bis drei Jahren die Entwicklung eines umfassenden EU-Grundrechteschutzes eine entscheidende Rolle. Als 50 Jahre nach dem Beginn der europäischen Integration erstmals im Jahre 2000 ein systematischer Katalog von Grundrechten erstellt wurde, erschienen damals vor allem die Frage nach dem Status der Grundrechtecharta und damit die gegenwärtige und künftige Verbindlichkeit von hoher Bedeutung. Wie kann die Grundrechtecharta der europäischen Union bewertet werden? Welche Errungenschaften sind hervorzuheben und wie sind die Schwächen zu bewerten? Ist es von entscheidender Bedeutung, dass dem Grundrechtekatalog kein verbindlicher Charakter zuerkannt wurde? Sollte die Charta zu verbindlichem Recht gemacht werden? An welcher Stelle sollte die Charta in die bestehenden Verträge eingefügt werden? Oder sollte die Charta Sockel einer europäischen Verfassung werden? Im Folgenden geht es darum, diese Fragen zu klären, wobei ein rechtswissenschaftlicher Zugang zum Problem gewählt wird. Zunächst wird ein Beitrag von Martin Nettesheim näher analysiert, der diese Fragen, die vor allem im Lichte der in Nizza verabschiedeten Erklärung über die Zukunft der Union an Bedeutung gewonnen haben, näher beleuchtet. In dem Aufsatz von Martin Nettesheim kommt eine funktionale Einschätzung der Grundrechte zum Ausdruck, wobei die Hoffnungen der Befürworter der Grundrechtecharta der Europäischen Union ebenso angesprochen werden wie die Befürchtungen, die von Skeptikern und Gegnern eines Grundrechtekatalogs in den Vordergrund gestellt werden. Anschließend wird ein Beitrag von Waldemar Hummer analysiert. Im Zentrum der Studie Hummers steht vor allem die Frage nach der Verbindlichkeit der Grundrechtecharta. Ist sie nur eine politische Erklärung oder kann sie den Kern einer europäischen Verfassung bilden? Abschließend wird die Frage gestellt, inwieweit die oben gestellten Fragen in die Verfassungsdebatte 2005/2006 aufgenommen werden. Kann man aus der Diskussion um die Grundrechtecharta lernen und die gewonnenen Erkenntnisse in die aktuelle Verfassungsdebatte einfließen lassen? Lassen sich Muster innerhalb der Debatte erkennen, die sich stetig wiederholen? Diese abschließende Diskussion, die wohl in Zukunft nicht oft genug geführt werden kann, versteht sich als Überleitung in die aktuelle Debatte über den politischen Umgang mit den gescheiterten Verfassungsreferenden und dem unsicheren „Projekt EU".

2. Analysen zur europäischen Verfassungsdebatte im Jahr 2000

2.1 Martin Nettesheim: Die Charta der Grundrechte der Europäischen Union: Eine verfassungstheoretische Kritik[1]

2.1.1 Zum Inhalt

In dem vorliegenden Beitrag „Die Charta der Grundrechte der Europäischen Union: Eine verfassungstheoretische Kritik" bewertet der Autor Martin Nettesheim den Status der Grundrechtecharta, indem er die Umsetzung der fünf Funktionen, die ein Grundrechtekatalog üblicherweise zu erfüllen hat, untersucht und kommentiert. Die Grundrechtecharta der EU ist für ihn nicht nur von zentraler Bedeutung, weil durch die Proklamation ein weiterer Schritt im offenen und gestuften Prozess der Konstitutionalisierung unternommen wurde, sondern auch, weil die Grundrechtecharta die folgenden fünf Funktionen – von einigen Kritikpunkten abgesehen – gut erfüllt:

Zunächst einmal bindet und mäßigt die Grundrechtecharta die europäische und öffentliche Gewalt. Dies ist – laut Martin Nettesheim – notwendig, denn die Europäische Union ist zwar kein Staat im eigentlichen Sinne und sie übt somit auch keine direkte Staatsgewalt aus, jedoch entspricht sie „im Zeitalter der Überwindung geschlossener Nationalstaaten" einem „erwachsende(n) Substitut"[2], dessen Hoheitsgewalt - ähnlich der Hoheitsgewalt eines Staates – beachtsame Wirkmächtigkeit, Durchschlagskraft und Gestaltungskraft besitzt. Die Europäische Union beeinflusst das Leben der Unionsbürger auf nachhaltige Weise und der direkte Zugriff auf die Bürger wurde in den letzten Jahren noch mehr verstärkt. Umso wichtiger erscheint es, einen geschlossenen Text mit Grundrechten zu haben, auf den sich der einzelne Bürger bzw. die Organe der Europäischen Union berufen kann und der sich durch „Klarheit", „Transparenz", „Rechtssicherheit"[3] und Stabilität auszeichnet. Weiterhin lobt Nettesheim das Bekenntnis zu liberal-menschenrechtlichen Grundwerten „als Grundlage der politischen, rechtlichen und gesellschaftlichen Ordnung

---

[1] Nettesheim, Martin: Die Charta der Grundrechte der Europäischen Union: Eine verfassungstheoretische Kritik, in: Institut für europäische Politik: *Integration*, Baden-Baden, 25.Jg., 1/2002.
[2] ebd., S. 36.
[3] ebd., S. 37.

in Europa"[3]. Aus diesen positiven Eigenschaften der Charta ergibt sich ein unmittelbarer Kodifizierungsbedarf, auch wenn der Grundrechtekatalog einen *„konservierenden Charakter"[3]* hat, d.h. nicht auf einen relativ raschen Wandel mit Änderungen angelegt ist und möglicherweise kompetenzverstärkend wirkt. Durch die systematische Erfassung aller Grundrechte werden sich neue Zuständigkeitsbereiche auftun, die mit einer Kompetenzausweitung der zuständigen Organe einhergehen. Es entstehen beispielsweise neue Schutz- und Förderungspflichten, denen die Gemeinschaftsorgane nachkommen müssen, auch wenn eine Kompetenzausweitung ursprünglich nicht vorgesehen war (Artikel 51, Absatz 1). Dies ist – laut Nettesheim- nicht weiter tragisch, denn die möglichen Kompetenzverschiebungen vollziehen sich wahrscheinlich eher *„punktuell"*, *„schrittweise"* und *„wohlmeinend"[4]*. Zu kritisieren sind allerdings inhaltliche Defizite. So werden zum Beispiel manche Rechte nur im Rahmen der einzelstaatlichen Rechtsvorschriften gewährleistet[5]. Ein weiteres Defizit ist nach Nettesheim das Fehlen von Regelungen für anderen Freiheiten: so bleibt bspw. ungeklärt, ob die Außenwirtschaftsfreiheit garantiert ist oder nicht. Auffallend ist weiterhin, dass manche Schutzgarantien unterentwickelt bleiben. So fehlen bspw. Schutzvorschriften zugunsten der Staaten, Regionen, Kulturen, Gruppen- oder Minderheiten. Ein weiterer Kritikpunkt von Nettesheim ist die Unausgewogenheit bestimmter Vorschriften. Während manche Rechte extra erwähnt werden und trotzdem kaum wörtlich genommen werden können[6], so werden andere Rechte nur marginal erwähnt, obwohl diese eine Antwort auf die wirklichen Herausforderungen hätten liefern müssen, so z.B. Regelungen zum Schutz der Gesundheit oder der Umwelt. Auch wurden bestimmte Regelungen aufgenommen, die nicht wirklich gefährdet zu sein schienen, wie z.B. der Zugang zur Arbeitsvermittlung. Weiterhin brisant ist eine fehlende Schrankensystematik: so ist die Charta an mancher Stelle um Detailgenauigkeit und Präzision bemüht, enthält dann aber bei der Festlegung der Grenzen der Eingriffsbefugnisse nicht mehr als eine *„vage und unbestimmte Generalklausel"[7]*. Somit wird die europäische Hoheitsgewalt an mancher Stelle zu gering eingeschränkt. All diese Kritikpunkte sollen nicht darüber hinweg täuschen, dass die Grundrechtecharta manch andere Funktion, so z.B. die funktionale Verschränkung von politischer Macht und judikativer Gewalt, fast vorbildlich erfüllt. Der Grundrechtekatalog hat insofern eine

---

[4] ebd., S. 38.
[5] Vgl. Artikel 9: Das Recht eine Ehe einzugehen, und das Recht eine Familie zu gründen, werden nach den einzelstaatlichen Gesetzen gewährleistet, welche die Ausübung dieser Rechte regeln.
[6] Vgl. Artikel 14: Das Recht auf Bildung: die Europäische Union wird kaum in der Lage sein, jedem einzelnen Unionsbürger eine Bildung zu verschaffen.
[7] ebd., S. 40.

funktionale Funktion, als dass er politische Macht und judizielle Kontrolle in ein Gleichgewicht bringt. Diese innere Kontrolle ist nicht mit der äußeren Kontrolle durch z.b. den Straßburger Gerichtshof zu vergleichen, da die Charta eine „*eigenständige Programmatik und ein besonderes Schutzniveau*"[8] aufweist. Wie stark diese innere Kontrolle ist, hängt von der Geltungskraft der Grundrechte ab; hier zeichnet sich bei der Charta ein bemerkenswertes Bild ab: obwohl die Grundrechtecharta nicht rechtlich verbindlich ist[9], fließt sie in die Rechtssprechung des EuGHs und in die der anderen Organe der europäischen Judikativen mit ein. Insofern würde sich – für Nettesheim – die Notwendigkeit einer rechtlichen Verankerung der Charta in den Verträgen erübrigen.

Brisant ist die Charta auch insofern, als dass sie zu der Reichweite ihrer Bestimmungen nicht viel sagt. In jedem Fall entscheidet der EuGH, ob und wann man sich auf bestimmte europäische Grundrechte berufen kann. Somit vollzieht sich ein Wandel hin zur Gerichtsbarkeit, denn der EuGH entscheidet, was gerichtlich entschieden wird und der politischen Diskussion entzogen wird. Dies ist nach Nettesheim insofern nicht gravierend, als das sich der EuGH seit jeher in Zurückhaltung übt:

> Zu unterschiedlich sind die mitgliedstaatlichen Traditionen, als dass sich auf europäischer Ebene ein Grundrechtsverständnis durchsetzen könnte, wie es das Bundesverfassungsgericht entwickelt hat.[10]

Die dritte Funktion der Grundrechte als Speicher von Werten und Anschauungen wird von der Charta in besonderer Weise erfüllt. So wirkt sie einerseits nach innen, indem sie einen „*gemeinsamen Orientierungspunkt*"[11] liefert und der Überlagerung der nationalen Identitäten dient. Somit entsteht die Grundlage für die Herausbildung einer europäischen Identität. Andererseits wirken die gemeinsamen Grundwerte aber auch nach außen. Gerade durch Bestimmungen, die nicht im Kompetenzbereich der EU liegen, zeigt sich ein Wille, auch außerhalb des eigenen Schutzbereichs für bestimmte Werte einstehen zu wollen.

Somit wird deutlich, dass die Europäische Union mehr ist als eine Wirtschaftsunion. Mittlerweile findet man auch Gemeinsamkeiten in Politikfeldern, die über das Projekt Binnenmarkt hinausgehen und die wirtschaftliche Dimension überschreiten. Aber auch hier bringt Nettesheim Kritik an. So fordert er bspw. die Ausarbeitung eines programmatischen Textes, der die Ziele und Grundlagen der europäischen Einigung direkt erfasst. Dieser soll das politische Ziel des Aufbaus einer europäischen Identität besser akzentuieren. Außerdem wird die Bedeutung direktdemokratischer Elemente betont. Damit eine gewisse

---

[8] ebd., S 41.
[9] Es handelt sich um eine *politische Erklärung* von EP, Rat und Kommission.
[10] ebd., S.42.
[11] ebd., S. 43.

Identifikation mit der Europäischen Union erreicht wird, sollten bestimmte Vorhaben einer Volksabstimmung unterworfen werden. Somit wäre gleichzeitig ein höheres Maß an Legitimität gewonnen. Die Legitimitätsfunktion ist die vierte Funktion, die Grundrechte normalerweise inne haben. Der Grundrechtsschutz ist die Voraussetzung für eine Demokratie. Laut Nettesheim entlastet sich die Union hier in zweierlei Weise. Zwar sichert sie den Grundrechtsschutz zu, jedoch bleibt diese Zusicherung eine politische Erklärung und es kommt weiterhin darauf an, wie sehr der Gehalt der Charta im Bewusstsein der Amtsträger verankert ist. Nur sie können die Grundrechtecharta entfalten und wirksam machen. Außerdem entlastete sich die Union bei der Ausarbeitung der Charta. Zwar sicherte die Konventsmethode ein gewisses effizientes und zielorientiertes Arbeiten, einen Anstoß für eine zivilgesellschaftliche Debatte lieferte sie jedoch nicht. Gerade vom jetzigen Standpunkt aus stellt sich diese jedoch als unverzichtbar dar.

Abschließend wird die fünfte Funktion der Charta deutlich: sie ist *ein* Element der Konstitutionalisierung. Sie dient keinesfalls als Sprungbrett zur Erlangung eines staatsähnlichen Gebildes, sondern sie ist und bleibt ein Zwischenschritt auf dem Weg zur Union. Gerade angesichts der Tatsache, dass es sich nur um eine politische Erklärung handelt, sind alle Bürger dafür verantwortlich, dass diese Rechte zur Wirklichkeit werden.

2.1.2 *Bilanz*

Professor Dr. Martin Nettesheim ist Inhaber des Lehrstuhls für Öffentliches Recht, Europarecht und Völkerrecht an der Universität Tübingen. Als Jurist untersucht er aus rechtswissenschaftlicher Perspektive die Grundrechtecharta. Seine Einschätzungen decken sich dabei im wesentlichen mit den heutigen Anschauungen: er sieht die Konstitutionalisierung als einen Prozess der Schaffung und Verstetigung der rechtlich verbindlichen Grundlagen. Dieser Prozess ist auf einen relativ schnellen Wandel angelegt. Die Grundrechtecharta ist dabei *ein* Element. Deutlich wird auch, dass der Prozess der Konstitutionalisierung von einem permanenten Dialog zwischen Integrationisten und Integrationsskeptikern dominiert wird. Werden die Errungenschaften der Charta genannt (Herrschaftsbindung, Austarieren eines Gleichgewichts zwischen politischer Macht und judizieller Kontrolle, Wertbekenntnis, Legitimation und Vorantreiben der Konstitutionalisierung), die im Wesentlichen von den Integrationsbefürwortern angesprochen werden, so müssen auch die Schwächen der Charta erwähnt werden, die die Unionsskeptiker aussprechen würden. Somit kann Nettesheim Text als Résumé einer Debatte verstanden werden, die auch heute noch im Fokus der Betrachtung steht.

2.2 Waldemar Hummer: Der Status der EU-Grundrechtecharta. Politische Erklärung oder Kern einer europäischen Verfassung?[12]

2.2.1 Zum Inhalt

Der vorliegende Beitrag „Der Status der EU-Grundrechtecharta. Politische Erklärung oder Kern einer europäischen Verfassung?" von Waldemar Hummer beginnt mit einem historischen Rückblick: er nimmt Überlegungen auf, die sich im Zuge der Übertragung der Hoheitsrechte der BRD auf die geplante „Europäische Verteidigungsgemeinschaft"(EVG) entspannten. Im Zentrum der Diskussion stand vor allem die von Professor Kraus vertretende These, die EVG müsste der innerstaatlichen Bundesverfassungsordnung kongruent sein, d.h. sie müsste eine demokratische, föderalistische und rechtsstaatliche Verfassung haben. Ziel einer solchen Staatsgewalt müsse die Sicherung der individuellen Freiräume sein. Um dieses Ziel erreichen zu können, sollten drei Voraussetzungen erfüllt sein: die Gemeinschaft sollte aus voneinander getrennten Gewalten bestehen, sie sollte über eine vertikale Kompetenzverteilung und über einen Grundrechtekatalog verfügen. Diese Forderung setzte sich schließlich nicht durch. Die Gründerväter der Europäischen Gemeinschaften konzipierten eine völlig inkongruente und inhomogene Verbandsgewalt, eine Konstruktion „sui generis"[13], die weder Bundesstaat noch Staatenbund ist und deren Ziel eine effektive Verwirklichung der Verbandsziele der Zollunion und des gemeinsamen Marktes ist. Zur Erreichung der Ziele ist die Gemeinschaft in einzelne Funktionen ausdifferenziert, wobei „dasjenige Organ die jeweilige Kompetenzen wahrnimmt, für die es gründungsvertraglich ausgestattet wurde"[14]. Die entstehende Verbandsgewalt stand im krassen Gegensatz zu den mitgliedstaatlichen Rechtsordnungen. Interessanterweise wurde aber bei der Ratifikation der Gründerverträge keine verfassungsrechtlichen Bedenken angemeldet und die Genehmigungsverfahren erfolgten mit großer Mehrheit. In keinem Mitgliedstaat kam es zu einer Änderung der Verfassung, weshalb – nach Hummer – der Schluss zulässig ist, dass bei den Gründungsverträgen doch nur funktionelle Zweckverbände geschaffen wurden, bei denen die wirtschaftliche Integration im Vordergrund stand. Eine weitere Möglichkeit wäre, dass die Mitgliedstaaten doch entsprechende „Surrogate"[15] eingebaut bekamen, die dieselben rechtsstaatlichen Sicherungsfunktionen wie staatliche Verfassungen ausüben können.

---

[12] Hummer, Waldemar: Der Status der EU-Grundrechtecharta. Politische Erklärung oder Kern einer europäischen Verfassung?, Bonn, 2002.
[13] ebd., S. 81.
[14] ebd., S.17f.
[15] ebd., S. 19.

Was auch immer es ist: im Zuge der weiteren Ausgestaltung der Europäischen Gemeinschaft kam es zunächst nicht mehr zu einer Verfassungsdebatte und auch die Frage nach einer möglichen Konstitutionalisierung wurde nicht mehr gestellt. Erst als der EuGH im Jahre 1963 „die unmittelbare Wirkung"[16] und 1964 „den Anwendungsvorrang des Gemeinschaftsrechts"[17] zu judizieren begann, flammte die Debatte um die „strukturelle Kongruenz und Homogenität17" wieder auf. Hatte man früher einen Grundrechtekatalog eher vernachlässigt, nicht nur weil man ja eben eine Verbandsgewalt ohne verfassungsrechtliche „ordre public" - Grundsätze konzipierte, sondern auch weil dieser die Zollunion möglicherweise zu stark belastet hätte oder weil es Uneinigkeit über die unterschiedlichen Grundrechtsschutzniveaus bzw. über den Stellenwert der sozialen und wirtschaftlichen Grundrechte gegeben hätte, so wurde angesichts des Vorrangs des Gemeinschaftsrechtes und der Eingriffstiefe der Verbandsgewalt schnell die Notwenigkeit eines Grundrechtekatalogs sichtbar. Hinzu kam der Umstand, dass die nationalen Verfassungsgerichte solange handelten, wie der EuGH keinen entsprechenden Grundrechtsschutz entfaltete und dieser wiederum entschied nach einem „von Fall zu Fall entwickelten Fundus an Grundrechten"[18], der sehr komplex wurde. In diesem Zusammenhang wurde der Beitritt der Gemeinschaft zur EMRK diskutiert. Der EuGH schloss solch einen Beitritt v.a. wegen problematischer rechtlicher Konsequenzen und Unklarheiten bzgl. der Rangfolge aus. Hummer analysiert diese Konsequenzen sehr ausführlich, was im Folgenden aus Platzgründen vernachlässigt wird. Eine Analyse zu diesem Thema kann dem Kapitel 4.1. und 9.9. entnommen werden. Eine Reihe von Berichten, Plänen und Grundrechtsentwürfen, die manchmal bereits einen konkreten Bezug zu einem möglichen Verfassungsdokument aufwiesen, manchmal aber auch isolierte Entwürfe waren, trieben die Ausarbeitung eines eigenen Grundrechtskatalogs dann voran. 1999 bekam das Projekt – dank der deutschen EU-Präsidentschaft – den entscheidenden Anstoß. Man fasste einen „Beschluss zur Erarbeitung einer Charta der Grundrechte der Europäischen Union" und bat den Europäischen Rat in Tampere im Oktober 1999, die Voraussetzungen für die Umsetzung zu schaffen. Dieser berief einen Konvent zur Ausarbeitung, in dem Parlamentarier des EP und nationaler Parlamente sowie Beauftragte der Staats- und Regierungschefs federführend waren. Am 7. Dezember 2000, am Rande der Tagung des Europäischen Rates in Nizza, proklamierten schließlich das EP, der Rat und die Kommission feierlich die neue Grundrechtecharta. Damit wurde die Charta

---

[16] ebd., S.26.
[17] ebd., S. 21.

9

Bestandteil des EU-Rechts, jedoch kein EU-Primärrecht, da eine Aufnahme in die Verträge fehlte. Hummer stellt fest, dass es sich somit nur um eine politische Erklärung handelt, ohne den „entsprechenden Willen [...], sich gegenseitig zu binden"[19]. Trotzdem kann von einem „soft law"[20] mit indirekter Bindungswirkung gesprochen werden, denn der EuGH hat bereits in der Vergangenheit die Grundrechtecharta als „Interpretationshilfe" mit herangezogen, die nationalen Verfassungsgerichte haben die Charta bereits berücksichtigt und ebenso der Europäische Gerichtshof für Menschenrechte. Neben der Funktion der indirekten Bindewirkung erfüllt die Charta aber auch wichtige politische Funktionen. So ermöglicht sie ein leichteres Berufen auf bestimmte Rechte, sie legitimiert die Verbandsgewalt, sie bestätigt das Vorhandensein eines europäischen Wertekanons, sie kann als Basis einer europäischen Verfassung dienen, sie ermöglicht Transparenz, Lesbarkeit, Lückenschließung und Rechtssicherheit, sie hat eine Symbolfunktion und kann ein Maßstab für Sanktionsverfahren sein. Darüber hinaus wirkt sie identitätsstiftend und beeinflusst die Beziehung zwischen den Organen der EU und den Mitgliedsstaaten:

> Ersterenfalls ist zu erwarten, dass die „Grundrechtecharta" [...] zumindest „harmonisierend" wirk(t) und letzterenfalls sie auch dazu führen wird, dass sich die Mitgliedstaaten verstärkt – vor allem auch in den Verhandlungen mit Organen in der EU – grundrechtlicher Argumentationsfiguren bedienen werden, ein Umstand, der wiederum iSe positiven „feedbacks" auf diese Organe in ihrem Verhältnis untereinander ausstrahlen wird.[21]

Nach diesem historischen und theoretischen Abriss diskutiert Hummer in seinem Beitrag zwei Szenarien. Zunächst überlegt er, welche Konsequenzen mit einer Aufnahme der Grundrechtecharta in die Verträge der Europäischen Gemeinschaften verbunden wären. Dabei lässt er vor allem die Integrationsskeptiker zu Wort kommen, die die Charta eher als *„Trojanisches Pferd, das den Weg zu einer europäischen Verfassung und damit zur Staatswerdung Europas ebnen soll"*[22] sehen. Aus Angst vor einer Verbindlichwerdung des Grundrechtekatalogs wird dabei häufig das Argument hervorgebracht, die Charta entfalte bereits eine indirekte Bindungswirkung und müsse deshalb nicht extra vertraglich verankert werden. Hummer liefert auf diese These ein wichtiges Gegenargument: natürlich ist die Grundrechtecharta – wie oben ausgeführt – mittelbar rechtsverbindlich, jedoch darf die wichtige Ostentationsfunktion nach außen nicht vergessen werden. Durch einen Grundrechtekatalog und einen damit geschaffenen Wertekanon geht man über die bisherigen richterrechtlich geschöpften Einzelgrundrechte hinaus. Häufig wurde auch gegen eine Verbindlichmachung der Charta eingewendet, diese würde auch für rein

---

[18] ebd., S. 28.
[19] ebd., S. 56.
[20] ebd., S 62.
[21] ebd., S. 70.

nationale Maßnahmen gelten, wenn die Mitgliedstaaten gegen die in der Charta niedergelegten Grundrechte verstoßen. Auch diese Befürchtung entkräftet Hummer: die Charta gilt für die Mitgliedstaaten ausdrücklich nur *„bei der Durchführung des Rechts der Union"*[23]. Die Grundrechtsverbürgung durch die Mitgliedstaaten stellt sich also nicht als allgemeine Vertragsverpflichtung dar. Was bleibt, ist die Frage, was eigentlich *„ der zu verfassende Organismus"*[24] sein soll? Hier gibt Hummer einen wichtigen Hinweis und er entkräftet mit diesem die Einwände der Integrationsskeptiker. Wie schon zu Beginn geht er von der Tatsache aus, dass die Europäische Union im Sinne einer Verbandsgewalt konzipiert wurde. Entstanden ist dabei ein

> bisher noch nicht „gekanntes zielgebundenes transnationales Gemeinwesen eigener Art", dessen öffentliche Hoheitsgewalt [...] gemeinsamen Grundanforderungen an die Verfasstheit staatlicher Gemeinwesenqualitativ genügen muss, wenngleich dies nicht in einer „sklavischen Übernahme" von deren Strukturen bestehen müsse.[25]

Verfasst werden soll also eine organisierte, an sich einzigartige Verbandsgewalt. Wichtig ist, dass die Verbindlichmachung eines für diese Verbandsgewalt vorgesehenen Grundrechtekatalogs keinesfalls die Übernahme der Gewaltenteilung oder der vertikalen Kompetenzverteilung bedingt. Somit ist die Charta keinesfalls ein Sprungbrett für eine Etatisierung. Aber werden nicht trotzdem Kompetenzverschiebungen sichtbar? Nach Hummer wird dies zweifelsfrei der Fall sein, denn zum einen sieht er die Charta als systematische Erfassung aller Fakten und Normen, wodurch punktuelle und am Ausgangssachverhalt orientierte Grundrechtsentscheide entfallen und generell-abstrakte Normen, die möglicherweise auch über den Kompetenzbereich der Union hinausgehen, neue Bezüge und Interpretationsmöglichkeiten aufzeigen, zum anderen hat die Charta auch einen sogenannten „effet utile". Durch eine verbindliche Charta werden sich neue Zuständigkeitsbereiche auftun – neue noch zu regelnde Lücken werden sich aufzeigen, erst Recht in Bereichen, in denen die nationale Rechtssprechung nicht mehr verwirklicht werden kann, wenn es z.B. um den Schutz personenbezogener Daten geht. Trotz alledem gilt natürlich weiterhin Art.51, Absatz 2, der besagt, dass die Charta keinesfalls neue Zuständigkeiten oder gar neue Aufgaben für die Union begründet. In dem zweiten Szenarium, das Hummer durchspielt, ist die Grundrechtecharta bereits das Fundament einer zukünftigen Verfassung der Europäischen Union. Hummer betont bei dieser Überlegung, dass die Aufnahme der Grundrechtecharta in eine Verfassung bzw. die schon heute konstatierte Staatsähnlichkeit der Europäischen Union nicht bedeutet, dass sich eine

---

[22] ebd., S. 72.
[23] ebd., S. 78.
[24] ebd., S. 79.

Entwicklung von der Verbandsgewalt hin zur Staatsgewalt vollzieht. Zwar ist denkbar, dass die internationale Gemeinschaft die Union wie einen Staat zu behandeln beginnt, dies darf aber nicht darüber hinweg täuschen, dass nur einige staatliche Elemente übernommen wurden und auch ein Staatsgründungswille der Mitglieder fehlt. Die Charta könnte zum einen rein rechtstechnisch als „Sockel [...] einer europäischen Verfassungsurkunde angesehen werden“[26].Damit wäre die Charta lediglich eine systematische Zusammenfassung aller Werte und Normen und es würde sich „nicht sehr viel am Grundrechtsschutz im Gemeinschaftsrecht ändern“.[26] Eine zweite Möglichkeit wäre, dass die Charta die Aufgabe erhält, dass gesamte Recht der Union zu durchdringen, indem sie das Zentrum einer supranationalen Rechtsordnung wird. Damit würde ein Paradigmenwechsel eingeleitet, denn die anfängliche Wirtschaftsgemeinschaft würde so zu einer „Grundrechtsgemeinschaft“, in der sich die Verbandsgewalt auf den Schutz des Individuums und die Stärkung seiner Grundrechte konzentrieren müsste. Integrationsskeptiker warnen natürlich vor so einer Entwicklung, könnte sie doch „das verfassungsrechtliche Gleichgewicht zwischen der EU und den Mitgliedstaaten gefährden“[27].

Egal welches Szenarium man favorisiert, so wird deutlich, dass die Charta eine entscheidende Rolle im Konstitutionalisierungsprozess einnimmt. Außerdem zeigt sich, dass die Debatte um Staats- und Verbandsgewalt immer noch im vollen Gange ist – wie zu Beginn der Integration in den 50er Jahren.

2.2.2 Bilanz

Univ. Prof. Dr. iur. Dr. rer. pol. Dr. phil. Waldemar Hummer ist Ordinarius für Völkerrecht und Europarecht sowie Vorstand des Instituts für Völkerrecht, Europarecht und Internationale Beziehungen an der Universität Innsbruck. Er ist auch wissenschaftlicher Leiter des dem Institut angeschlossenen "Europäischen Dokumentationszentrum" (EDZ) und des "Zentrums für Europarecht" (ZER). Hummer befasste sich in dem vorliegenden Beitrag aus rechtswissenschaftlicher Perspektive mit der Verbindlichkeit der EU-Grundrechtecharta. Außerdem fasste er die historischen Ereignisse, die zur Ausarbeitung dieser Charta geführt haben, nochmals zusammen. Am Ende steht fest, dass die Charta eine zentrale Rolle im Prozess der Konstitutionalisierung gespielt hat. Dennoch sollte man sich – nach Hummer- von solchen Äußerungen nicht täuschen lassen. Die EU sei auch in

---

[25] ebd., S. 81.
[26] ebd., S. 107.
[27] ebd., S. 109.

Zukunft kein Staat mit einem gewaltenteilenden System, der Vollzug finde nach wie vor in den Mitgliedstaaten der Union statt. Damit betont Hummer das Verständnis der EU als Verbandsgewalt. Sie ist und bleibt ein transnationales Gemeinwesen eigener Art. Auch die Aufnahme von einigen organisatorischen Strukturprinzipien wird daran wenig ändern können. Somit ist auch die Angst der Integrationsskeptiker unbegründet, es könne zu einer Etatisierung kommen. Zumal dazu erst Recht ein Staatsgründungswille der Mitglieder fehle.

3. Schlussbetrachtungen

Setzt sich die Verfassungsdebatte heute mit den gescheiterten Referenden und einer Agenda für die Zukunft der Europäischen Union auseinander, so reflektieren die beiden vorliegenden Texte den Stand der Diskussion von vor fünf Jahren. Schon damals war die Europäische Union der zentrale Ordnungsrahmen überhaupt und nicht mehr nur ein Gegenstand von Vision, wie zu Beginn der Integration vor mehr als 50 Jahren. Man musste lernen, in diesem neuen Rahmen zu agieren und Strukturprinzipien aufstellen. Diese sollten sich an den üblichen „ordre public" - Grundsätzen eines Staats messen lassen (Martin Nettesheim), auch wenn die EU eine Verbandsgewalt blieb (Waldemar Hummer). Für beide Autoren ist mit der Verkündung der Charta ein wichtiger Schritt in Richtung Konstitutionalisierung gemacht worden. Trotzdem hätte dieser noch besser vollzogen werden können: als im Jahr 2000 die Charta verkündet wurde, sicherte sie zwar einen Grundrechtsschutz zu, jedoch blieb diese Zusicherung eine politische Erklärung und es kam weiterhin darauf an, wie sehr der Gehalt der Charta in der Rechtsprechung der Organe der europäischen Judikative verankert war. Auch die subjektiv-rechtliche Reichweite der Bestimmungen blieb ein wenig ungewiss und eine direkte Identifikation der Bürger mit der Charta fehlte. Nettesheim forderte deshalb, bestimmte Vorhaben, wie die Inkraftsetzung der Grundrechte, zum Zwecke der Akzeptanzförderung und des Legitimitätsgewinns, einer Volksabstimmung zu unterwerfen. Außerdem üben beide Beiträge Kritik an der bekannten Konvents-Methode, die zwar ein gewisses effizientes und zielorientiertes Arbeiten sicherte, jedoch keinen Anstoß für eine zivilgesellschaftliche Debatte lieferte. Gilt diese Kritik noch fünf Jahre später? Die Verfassung verankert mittlerweile die Grundrechtecharta als rechtsverbindlichen Wertekanon. Damit werden die Rechte und Pflichten der Unionsbürger wie die Schranken des Handelns der EU bzw. der Mitgliedstaaten nachvollziehbar festgeschrieben. Insofern hat man einen entscheidenden Schritt vollzogen. Trotzdem steht man auch heute noch

Problemen gegenüber, die beide Autoren schon erwähnten. Wurde in beiden Beiträgen schon sehr ausführlich das „Pro" der Integrationisten und das „Contra" der Integrationsskeptiker gegenübergestellt, so wird auch die heutige Debatte immer noch überlagert von nationalen Selbstverständnissen.

Auch eine zivilgesellschaftliche Debatte hat es bei der Ausarbeitung der Europäischen Verfassung durch einen Konvent – wie im Jahre 2000 – nicht gegeben: nur 33% der Deutschen hatten im Frühjahr 2003 schon einmal von einem Europäischen Verfassungskonvent gehört[28]. Außerdem musste man sich nach den gescheiterten Referenden in Frankreich und den Niederlanden darüber klar werden, dass sich die Erfolgsgeschichte der europäischen Integration nicht ohne den Bürger gestalterisch weiterführen lässt. Es fehlen die Anstöße, die Argumente und Symbole, die der Bevölkerung bewusst machen, dass hier ein historisch einmaliger Prozess im Gange ist. Stattdessen ist die Bevölkerung schlecht über die Vorgänge bei der europäischen Einigung informiert. Insofern treffen die Thesen von Hummer und Nettesheim auch hier zu.

Ein Trost bleibt aber trotzdem: die Integrationsgeschichte ist voll von Szenarien des Untergangs. Genauso häufig – und das belegen die beiden Beiträge ja ebenfalls – trifft man auch auf Momente des Erfolgs. Die Verbandsgewalt hat sich seit jeher „ohne Masterplan" weiterentwickelt. Wesentliche historische Aufgabe der Zukunft dürfte es sein, die Stimmung in den Mitgliedstaaten wieder zu kippen – durch Einbezug der Bevölkerung und eine aktive öffentliche Diskussion über den europäischen Horizont hinaus.

---

[28] Noelle-Neumann, Elisabeth / Petersen, Thomas: Die Bürger in Deutschland, in: Weidenfeld, Werner (Hrsg.), *Die Staatenwelt Europas*, Bonn, 2004, S. 49.

Bibliographie

Deutscher Bundestag (Hrsg.), *Die Charta der Grundrechte der Europäischen Union*, Berlin, 2001.

Hummer, Waldemar: Der Status der EU-Grundrechtecharta. Politische Erklärung oder Kern einer europäischen Verfassung?, Bonn, 2002.

Nettesheim, Martin: Die Charta der Grundrechte der Europäischen Union: Eine verfassungstheoretische Kritik, in: Institut für europäische Politik: *Integration*, Baden-Baden, 25.Jg., 1/ 2002.

Noelle-Neumann, Elisabeth / Petersen, Thomas: Die Bürger in Deutschland, in: Weidenfeld, Werner (Hrsg.), *Die Staatenwelt Europas*, Bonn, 2004.